AF717256

Jens A. Callert

Gedichte für Kinder über globale Umweltprobleme mit sehr großem Aufgaben- und Beschäftigungsteil

Jens A. Callert

Gedichte für Kinder über globale Umweltprobleme

mit sehr großem Aufgaben- und Beschäftigungsteil

Rediroma-Verlag

Bibliografische Information der Deutschen Nationalbibliothek:
Die Deutsche Nationalbibliothek verzeichnet diese Publikation in der Deutschen Nationalbibliografie; detaillierte bibliografische Daten sind im Internet über http://portal.dnb.de abrufbar.

ISBN 978-3-98527-654-7

Illustrationen: Minko Peev, Ajdin Kamber, FloridaStock, Maksim Safaniuk, Rich Carey, Bachkova Natalia, Dima-Berlin, Anton_Ivanov, Andrei Metelev, kwest (shutterstock.com)

www.rediroma-verlag.de
8,95 Euro (D)

Inhaltsverzeichnis

Vorwort

Liebe Eltern,

das Ihnen hier vorliegende Buch beschäftigt sich auf spielerische und frische Weise mit einigen großen und damit globalen Problemen für Mensch und Natur. In jedem der Gedichte wird Ihr Kind mit einer ganz bestimmten Thematik vertraut gemacht.

Wichtig ist, dass nicht nur erläutert wird, worin das Problem besteht und welche Folgen es haben kann bzw. bereits hat. Auch einige Ursachen und mögliche Lösungen sind Teil eines jeden Gedichtes. Ihr Kind hat so die Möglichkeit, die entsprechende Schwierigkeit zu erfahren, ohne es vor vollendete Tatsachen zu stellen.

Ist es mit dem inhaltlichen Aspekt bereits vor dem Annähern an das Gedicht vertraut, so kann dieses als Vertiefung erworbenen Wissens dienen und den Erwerb neuen Wissens fördern.

Als Auflockerung findet sich im Anschluss an jedes Werk ein Bild, das Bezug zum entsprechend vermittelten Gegenstand herstellt und gleichzeitig die Funktion der Abwechslung nach dem Zuhören oder Lesen der Zeilen erfüllen kann. Denn je nach

Fertigkeitsstand kann Ihr Kind das Stück auch vollständig oder in Teilen selbst lesen oder vorlesen.

Die Fotografie stellt eine zusätzliche Möglichkeit dar, den Einstieg in den Dialog mit Ihrem Sprössling über das Gehörte oder Gelesene zu erleichtern.

Die folgenden Aspekte werden in den poetischen Fassungen angesprochen:

Bienensterben, Flussverschmutzung, Schmelzen des arktischen Eises, Rodung, Vermüllung der Meere, Rückgang der Anzahl an Singvögeln, Luftverschmutzung, Verwüstung, Rückgang der Nützlinge im Boden, durch den Menschen verursachter, beschleunigter Klimawandel

Ihr Sprössling wid im Rahmen der fortschreitenden Arbeit mit diesem Buch die wechselseitigen Beziehungen der einzelnen Probleme zueinander immer besser verstehen können. Das letzte Gedicht geht ganz gezielt auf diesen Umstand ein.

Der **Helfer** mit dem Aufgaben- und Beschäftigungsteil beendet anschließend ein jedes Themengebiet durch sechs verschiedene Bereiche.

Handeln - **E**rinnern - **L**ernen - **F**reuen - **E**rklären - **R**ätseln

Ziel der einzelnen Bereiche ist es, den Blick Ihres Nachwuchses auch für Gesichtspunkte um das konkrete Thema herum zu schärfen.

Der Aufbau des **Helfers** wurde so gewählt, dass eine Nutzbarkeit über mehrere Altersstufen hinweg möglich ist. Sie können immer die Rubrik auswählen, die dem kognitiven Entwicklungsstand Ihres Kindes entspricht.
Überforderung und Frustration aber auch Unterforderung und Langeweile können aufgrund dieser Gestaltung nicht entstehen.

Dies erklärt sich darüber hinaus auch dadurch, dass das Gedicht - wie oben geschrieben - nicht an einem Stück vorgetragen werden muss. Ein etappenweises Lesen ist problemlos möglich und erzeugt bei Ihrem Kind ein Interesse an der Fortführung der Geschehnisse.

Durch die vielseitige Ausgestaltung des Aufgaben- und Beschäftigungsteils werden verschiedene Fähigkeiten und Fertigkeiten trainiert und erweitert.

Die im **Helfer** angeregte Zusammenarbeit mit Mitmenschen gleicher oder anderer Altersklassen fördert und festigt die Sozialkompetenz.

Doch dieser **Helfer** fordert auch Sie, liebe Eltern. Die Aufgaben regen Ihren Nachwuchs zum Nachfragen und Mitmachen an. Ein Lösungsteil für bestimmte Herausforderungen befindet sich am Ende des Buches.

Hervorheben möchte ich an dieser Stelle, dass der Charakter dieses Buches nicht durch Attribute des „erhobenen Zeigefingers" geprägt ist.

Vielmehr geht es darum, ein ausgewogenes Verhältnis zwischen der Ernsthaftigkeit der Kernthematik und der Freude an dem Gedicht bzw. an den zu lösenden Aufgaben zu generieren und Denkanstöße zu geben.

Diese Publikation erhebt selbstverständlich keinen Anspruch auf die vollständige Darstellung aller möglichen globalen Umweltprobleme. Auch die dargestellten Ursachen, Folgen und Lösungen der behandelten Schwerpunkte sind nicht abschließend.

Die Erwachsenen von morgen können frühzeitig mit der Komplexität des Stoffes in Berührung kommen. Das führt zum Erkennen der Tatsache, dass die unausweichliche Konfrontation mit den aufgezeigten Konflikten nicht nur im Kindesalter präsent sein wird.

Dieses Buch ist neben dem häuslichen auch für den schulischen Gebrauch geeignet.

Der Autor

1. Der Ausflug von Bienchen Marianne

Ein junges Bienchen niedlich und fein
flog in einen Garten mit großen Apfelbäumchen
hinein.

Erstaunt war Marianne über die langen Äste und
ihre schicken Blätter - das Bienchen fand die
Bäumchen immer netter.

Da erblickte es einen besonders gewaltigen Baum,
die strahlend weißen Blüten übersah man kaum.

Plötzlich wurde sie wie magisch von den Blüten
angezogen, war rasch zu ihnen hingeflogen.

Marianne sah in dem weiten Flor kleine gelbe
Pollen blitzen und wollte sogleich bei ihnen sitzen.

Fleißig besuchte sie ganz viele von den Blütelein
und sammelte eine Unmenge an Pollen ein.

Einige von ihnen blieben heimlich an anderen
Apfelblüten kleben - nur so kann der Apfelbaum
uns später seine Früchte geben.

Im Bienenstock war die Freude über das Gepäck
der emsigen Sammlerin riesengroß, sofort ging
dort die Arbeit los.

Die Pollen sind wichtig für das Bienenleben, denn sie werden schon den kleinsten Immen als Nahrung gegeben.

Und eines Tages war es dann für die Blüten soweit - sie machten sich für ihre magische Verwandlung bereit.

Statt ein großes Blütenmeer an verzweigten Ästen zu sehen, konnte man leckere, knackige Äpfel erspähen.

Schließlich kamen sie in jedes Dorf und jede Stadt - nun aß man sich an ihnen richtig satt.

Denn Äpfel sind nicht nur kugelrund - nein, sie halten den Körper auch gesund.

So wird es jedes Jahr aufs Neue geschehen - nach den Blüten wird man die Äpfel sehen.

Doch nur, wenn Marianne und alle anderen Bienchen unermüdlich immer wieder die Pollen zusammentragen, kann man allerorts nach erfrischenden Äpfeln fragen.

Die nützliche Arbeit der Immchen macht der Mensch ihnen zunehmend schwer, viele sind wegen schädlicher Stoffe krank oder haben kein Zuhause mehr.

Ein kleines Bienenhotel für die fleißigen Helferlein ist sehr nützlich und muss nicht teuer sein.

Der Dank der Bienen dafür ist uns gewiss - ihnen zu helfen, dafür gibt es wahrlich kein Hindernis.

Schließlich brauchen alle Lebewesen auf der Erde genug Platz - ob ein Mensch, ein Baum oder ein Spatz.

Ein Bienchen hat an der Apfelblüte schon ganz fleißig Pollen gesammelt.

Nach jedem Gedicht warten spannende, lustige und knifflige Aufgaben und Fragen in dem **Helfer** auf dich. Du fragst dich bestimmt, warum dieser Bereich **Helfer** heißt, nicht? Nun, er kann dir neben den Gedichten auch dabei helfen, schöne Minuten und Stunden mit diesem Buch zu verbringen. Möchtest du ihn gern mit deinen Freundinnen und Freunden gemeinsam nutzen, dann kannst du das selbstverständlich tun!

Viel Spaß bei allen **Helfern** in diesem Buch wünschen dir Autor und Verlag!

Handeln - **E**rinnern - **L**ernen - **F**reuen - **E**rklären - **R**ätseln

Handeln - Wenn du das nächste Mal mit deinen Freundinnen und Freunden oder deinen Eltern unterwegs bist, dann schaue dich einmal aufmerksam um! Kannst du Bienchen entdecken?

Erinnern - Denke noch einmal an die Apfelbäume und deren Blüten zurück! Welche Farbe haben sie?

Lernen - Hast du verstanden, warum es so wichtig ist, dass Marianne und die anderen Bienlein die Apfelblüten besuchen?

Freuen - Du hast doch bestimmt schon einmal das Summen einer Biene gehört, oder nicht? Vielleicht summst du zusammen mit anderen Kindern einmal eine Melodie oder ein kleines Liedchen? Ihr werdet staunen, wie lustig das klingt!

Erklären - Wenn du möchtest, dann lasse dir von deinen Eltern erklären, wie die Äpfel von den Bäumen zu dir nach Hause kommen!

Sie wissen auch, was der Biene in der Natur alles noch schaden kann. Willst du das auch wissen? Dann frage deine Mutter oder deinen Vater flink!

Rätseln - Das Wort „Biene" besteht aus fünf Buchstaben.

Doch in diesem Wort haben sich auch noch andere Wörter versteckt.

Hier ein Beispiel: B **I** E **N** **E**

Ganz plötzlich ist das Wort „NIE" erschienen.
Findet du noch ein anderes oder sogar zwei, möglicherweise drei?

Ja? Dann schreibe sie am besten gleich auf!
Es ist egal, ob deine gefundenen Begriffe aus zwei, drei, vier oder fünf Buchstaben bestehen.

Es können Adjektive, Verben, Substantive (Singular und Plural) und Zahlwörter sein.

2. Das unglückliche Flüsslein Anna

Einst war das kleine Flüsslein Anna stolz auf sein klares Nass, auch vielen Fischen und Wasserpflanzen kam dies zupass.

Sie wuchsen und gediehen gern in Annas Fluten - niemand konnte Böses vermuten.

Doch eines Tages begann eine große Katastrophe, ihren Lauf zu nehmen und Anna fing an, sich zu schämen.

Von Tag zu Tag war es immer deutlicher zu notieren - das Flüsslein begann, sein klares Wasser zu verlieren.

Zwar führte Anna noch immer gleich viel Wasser durch die Städte, Dörfer und über das Land, doch zeigte sie sich nun zunehmend in einem dunklen Gewand.

Nicht einmal auf den Grund des Stromes war mehr zu schauen - in diesem Gewässer konnten sich Fische und Pflanzen kein Zuhause mehr bauen.

Je länger der Lauf vom Gebirge durch die Städte ist gewesen, desto mehr Schmutz und Dreck hat Anna aufgelesen.

Ohne ihre treuen, lebenden Begleiter musste sie weiterziehen - vor dem unsauberen Wasser mussten die Lebewesen fliehen.

Die neue, schmutzige Pracht hat sie um ihr Heim gebracht.

Annas Trauer über den Verlust war riesengroß - was machte sie denn alleine bloß?

Von nun an war der Weg über Stock und Stein für sie nur noch eine Last und nicht mehr fein.

Etliche Jahre waren nun schon ins Land gegangen und Anna war in immer größerem Dreck gefangen.

Über die lange Zeit hatte sie die Hoffnung aufgegeben, es käme zu ihr eines Tages vielleicht neues Leben.

Doch dann geschah etwas, das war toll, denn nun hatten auch die Menschen von dem Schmutz endlich die Nase voll.

Sie begannen damit, nicht mehr so viel Unrat in das Gewässer zu leiten und Anna damit eine große Freude zu bereiten.

Auch wurde ihr Boden gereinigt und neu gemacht, damit hat man das Leben in den Fluss zurückgebracht.

Das Wasser war wieder klar und rein - so sollte es von nun an immer sein.

Nun ist Anna wieder glücklich und zufrieden, wird sie doch von keiner Pflanze und keinem Fisch mehr gemieden.

Auch der Mensch hat davon seinen Nutzen, braucht er sauberes Wasser schließlich zum Waschen, Kochen, Putzen.

Er ist mit dem Flüsschen untrennbar verbunden, hat Annas Trauer nie verwunden.

Dieser fließende Strom ist nämlich mehr als nur für Fische und Pflanzen bequem, er gehört zu einem viel größeren System.

Geht es der Wasserstraße schlecht, leiden auch Käfer, Schmetterlinge und der Specht.

Sie alle brauchen Annas große Kraft, die nebenbei noch schöne Auen für Pflanzen und Plätze für Insekten schafft.

Diese sind für die Vögel fortan ein wahrer Segen und können fast unbemerkt noch die Natur dabei pflegen.

Wir müssen stets nach Sauberkeit für Anna streben, denn ohne sie gäbe es kein Leben.

In diesem dreckigen Fluss möchte kein Fisch leben. Auch die Ufer sind so gar nicht für Lebewesen geeignet.

Und schon ist wieder die Zeit für den **Helfer** gekommen.

Handeln - **E**rinnern - **L**ernen - **F**reuen - **E**rklären - **R**ätseln

Handeln - Es gibt Flüsse, die gewaltig breit sind und natürlich auch durch Städte fließen. Sie sind so breit, dass man ganz lange Brücken bauen muss, um sie überqueren zu können. Solche Brücken hast du bestimmt auch schon gesehen, nicht wahr?

Was hälst du davon, wenn du dir ein paar Bunt- oder Filzstifte nimmst und ein schönes Bild mit einem breiten Fluss malst? Eine Brücke könnte über ihn führen. Am Ufer steht vielleicht ein Haus? Natürlich kannst du so ein großes Bild auch gemeinsam mit anderen Kindern malen. Einer von euch sucht sich eine schöne Farbe für den Fluss aus. Der andere „Künstler" zeichnet schon das Dach des Hauses. Auch das Aussehen der Brücke muss besprochen werden!

Erinnern - Kannst du dich daran erinnern, warum Annas Wasser immer schmutziger geworden, am Ende des Gedichtes aber wieder schön sauber war?

Lernen - Alle Lebewesen auf unserer Erde brauchen sauberes Wasser. Nicht nur Menschen, auch Pflanzen und Tieren geht es nur gut, wenn sie genug davon haben. Das weißt du. Du weißt aber auch, dass Wasser nicht nur zum Trinken gebraucht wird. Zum Waschen, Putzen und Kochen wird es genauso benötigt. Wo wird Wasser noch gebraucht? Zähle einmal auf, was dir einfällt! Beim nächsten Spaziergang mit deinen Eltern kannst du Ausschau halten, ob du noch eine weitere Möglichkeit entdeckst, wie der Mensch dieses kostbare Gut nutzt.

Freuen - In dem Flüsslein Anna leben wieder viele Fische und schwimmen flink umher. Kleine und große, dicke und dünne fühlen sich wohl dabei, Anna zu begleiten.

Überlege einmal mit anderen Mädchen und Jungen, welche Fische ihr schon kennt! Wollt ihr ihnen lustige Namen geben? Na gut! Aber ihr sollt ihnen nicht solche Namen geben wie „Max”, „Anna” oder „Nils”. Nein, eure gewählten Namen müssen die Fische jeweils mit einem einzigen Adjektiv beschreiben.

Denkt euch dazu, wie in den Beispielen, einen Satz aus, in dem ein Fisch zunächst mit zwei Adjektiven beschrieben wird! Dann müsst ihr die Bezeichnung des Fisches, also z. B. Karpfen oder Forelle in ein drittes, neues Adjektiv umwandeln! Dieses soll die Bedeutung der beiden vorherigen Eigenschaftswörter sinngemäß in sich vereinen! Führt die Beispielliste entsprechend fort und schreibt eure gefundenen Möglichkeiten satzweise auf!

Beispiele:

Angeschwommen kam ein satter und dicker Karpfen. Das ist Herr „Kugelrund".

Neben ihm plätscherte noch eine winzige und kurze Forelle. Sie nannte man Frau „Klitzeklein".

____

____

____

____

____

____

Erklären - Ein Fluss kann uns allen Wasser geben. Doch wer gibt dem Fluss das Wasser? Kannst du das erklären?

Rätseln - Oh je! Hier ist aber etwas ganz schön durcheinander! Einige Wörter wurden aus den Sätzen gespült. Kannst du das wieder in Ordnung bringen? Welches Wort gehört wohl an welchen Platz?

Vögel

Seen

Eis

Erde

Wasser

Insekten

gesund

Natur

Meere, Flüsse und auch ____________________

kann man auf der ganzen ______________ seh'n.

____________________ sieht man in ihnen

fließen oder stehen. Im Winter ist es draußen

manchmal auch als ____________________ zu

erspähen.

Genug Platz für ____________________ der

Fluss in und neben sich zu bieten hat. Viele von

ihnen machen unsere ____________________ satt.

Ein jeder Mensch braucht eine saubere

____________________, so kann er

____________________ leben nur.

3. Eisbär Johannes in großer Not

Johannes ist in der Arktis noch ein großer Star - sein Fell ist schön weiß und seine Äuglein sind klar.

Wohl fühlt er sich an solchen Tagen, an denen Eis und Kälte an seinem Felle nagen.

Ist es in seiner Heimat aber warm oder gar richtig heiß, dann fehlt ihm mehr als nur sein klirrend kaltes Eis.

Auf die riesengroßen Schollen aus erstarrtem Nass war lange Zeit Verlass.

Für Johannes sind sie nicht nur da, um Halt ihm auf seinen Tatzen zu geben - nein, er braucht sie, um zu überleben.

Doch immer häufiger schaut Meister Petz im hohen Norden traurig um sich herum und wird dabei stetig blasser, denn die Eiswüste verwandelt sich zunehmend in plätscherndes Wasser.

Von Jahr zu Jahr wird sein Reich zum Jagen immer kleiner, oft hat er großen Hunger, unser armer Vierbeiner.

Längst gibt es nicht mehr so viele Leckerbissen zu erbeuten, welche ihn früher ganz besonders erfreuten.

Sein Leben in der Arktis wird schwerer und schwerer, sein Magen immer leerer und leerer.

Oft denkt er darüber nach, was sein Papa-Eisbär oft zu ihm sprach.

„Der Mensch lässt uns unsere Wege immer mühsamer finden - eines Tages werden wir ganz verschwinden."

„Er macht die Erde immer wärmer und damit ist das Wasser bei uns nicht mehr gefroren, unsere Heimat irgendwann für immer verloren."

Johannes war kurz davor, ein paar Tränchen aus seinen Äuglein zu vergießen, schon sah er einen neuen Eisberg auseinanderfließen.

Bald ist er nicht mehr der große Star,
wird krank und sein Pelz verliert das Haar.

Zwar scheint seine kalte Landschaft an manchen Tagen die Schönheit von früher noch zu tragen.

Doch aufzuhalten scheint der Wandel kaum,
solche Tage erlebt er mehr und mehr nur noch im Traum.

Mutlos stapft das große Tier oftmals durch den wenigen Schnee, für die Lösung seines Problems fehlt ihm eine Idee.

Wir Menschen dürfen nicht mehr warten sondern müssen walten, um die Heimat von Johannes zu erhalten.

Dies aufzuschieben auf irgend eine and're Zeit,
das schafft für Johannes noch mehr Leid.

Sofort kann jeder Mensch etwas unternehmen, um die stapfenden Gefährten nicht mehr zu vergrämen.

Abgase von Autos, Schiffen und anderem Verkehr schaden nicht nur der Arktis sondern uns allen sehr.

Der Fußmarsch oder die Fahrradtour schaffen für einige Verkehrsmittel Ersatz und lassen auch Johannes in seinem Zuhause wieder genügend Platz.

Es werden weniger der schädlichen Stoffe in die Luft geblasen und die Arktis ist wieder schön kalt für die Eisbärennasen.

So kann der Bewohner der Eisregion wieder nach der Erfüllung seines größten Wunsches streben - die Rückkehr in sein altes Leben.

Hier kann Johannes nicht mehr auf die Jagd gehen. Das Eis ist fast vollständig geschmolzen.

Natürlich darf auch nun der **Helfer** wieder nicht fehlen.

<u>**H**andeln - **E**rinnern - **L**ernen - **F**reuen - **E**rklären - **R**ätseln</u>

Handeln - Jedem von euch ist bestimmt bewusst, wie ein Eisbär aussieht, nicht? Von Zeit zu Zeit sind sie im Fernsehen oder in Büchern, wie hier, zu sehen. Hast du Lust darauf bekommen, mit deiner Familie in den Zoo zu gehen? Toll! Dort kannst du die Eisbären noch viel besser bestaunen.

Erinnern - Kannst du dich daran erinnern, was der Papa-Eisbär zu seinem Sohn sagte?

Lernen - Natürlich gibt es ganz viele verschiedene Bärenarten. Welche kennst du noch?
Zähle sie auf! Braunbär,

____________________, ____________________,

____________________, ____________________,

____________________, ____________________

Und nun kannst du deine Eltern fragen. Sie werden dir bestimmt noch zwei Bären nennen, die du noch nicht kennst. Schreibe auch deren Namen auf!

______________________,

____

In welchem Land bzw. in welchen Ländern unserer Erde sind die beiden Bärenarten jeweils zu Hause?

Der ____

ist in ______________________________________

zu Hause.

Der ____

ist in ______________________________________

zu Hause.

Freuen - „Besonders bunte Beeren bekommen Bären beim Baden -
beim Baden bekommen Bären besonders bunte Beeren"

Du kannst versuchen, diesen Zungenbrecher beim Lesen immer schneller und fehlerfrei zu sprechen. Wenn du ihn auswendig vortragen kannst, kannst du ihn deinen Freundinnen und Freunden aufsagen. Anschließend sind sie an der Reihe.

Es wird immer wieder passieren, dass euch beim Sprechen bzw. Nachsprechen Fehler passieren. Das werden witzige Versprecher!

Erklären - Kannst du erklären, warum das Schmelzen des Eises in der Arktis ein großes Problem für die Eisbären ist?

Rätseln - Stimmen die folgenden Aussagen?

Kreuze an!

1. **Eisbären sind in der Antarktis zu Hause.**

   Das stimmt. __ Das stimmt nicht. __

2. **Sehr hohe Wärme mögen Eisbären besonders gern.**

Ja __ Nein __

3. **In der Natur können Eisbären für Menschen sehr gefährlich sein.**

Richtig __ Falsch __

4. **Eisbären haben rote Nasen.**

Wahr __ Unwahr __

5. **Eisbären sind an ihre natürliche Umgebung angepasst. Deshalb haben sie ein so helles Fell.**

Nicken __ Den Kopf schütteln __

4. Ein Baum, der steht nicht gern allein

Gerda ist ein hoher und sehr schicker Baum - selbst aus der Ferne übersieht man sie kaum.

Ihre weit verzweigten Wurzeln stecken tief in der Erde fest, deshalb gedeihen wunderbar ihre Blätter und auch das Geäst.

Besonders stolz ist sie auf ihren dicken Stamm, der jedem Sturme widerstehen kann.

Vom Regen lässt sie sich gern begießen, kann sie durch ihn doch weiter munter in die Höhe sprießen.

Und gar nicht weit von ihrem Platze weg, da säuseln andere Bäume mit ihrem Blattwerk keck.

So ist Gerda durch und durch ein glücklicher Baum - sie lebt schöner als in einem Traum.

Neuerdings ist vom Felde her bei den Möhren aber immer öfter ein unangenehm lautes Geräusch zu hören.

Es schmerzt nicht nur in Gerdas Ohr - selbst verschlafene Eulen schauen aus dem Dickicht hervor.

Auch alle anderen Pflanzen, ob jung oder alt, bekommen langsam Angst in dem weiten Wald.

Mit jedem neuen Erwachen der Sonne und ihrem freundlichen Gruß ist die Luft mehr und mehr vollgepackt mit Staub und Ruß.

Das unheimliche Krächzen frisst sich immer lauter in Moose, Sträucher und die hohen Wipfel hinein, für alle in der Waldfamilie wird dies zu unerträglicher Pein.

Nun kann man deutlich sehen, warum Hasen, Käfer und auch Bienen weinend und in Massen ihre einzigartige Heimat verlassen.

In Windeseile und mit lautem Knirschen knickt Baum für Baum plötzlich einfach um - die sonst so fröhliche Gerda ist fortan ganz stumm.

Die großen Stämme der anderen Gehölze werden nach und nach aus dem Wald gefahren, obwohl sie dort sehr lange heimisch waren.

Die große Säge hat von ihnen nicht viel übrig gelassen - unendlich viele Baumstümpfe muss Gerda nun erfassen.

Allein und müde steht sie inmitten kahler Stellen
und traut sich kaum zu fragen - wird auch an ihr
die Säge bald nagen?

Die Tiere konnten aus dem Walde fliehen, Gerda
aber kann nicht zu anderen Bäumen ziehen.

Doch auch für die Tiere hat die Flucht nur wenig
Sinn - wissen sie doch nicht wohin.

Natürlich brauchen wir viel vom Rohstoff Holz,
doch nur auf ein Fällen der Bäume mit Bedacht
können wir sein stolz.

Wir Menschen müssen den Pflanzen und Tieren
ein neues Wäldchen geben - hier helfen nur Taten
und kein Reden.

Erhalten wir gar Gerdas verbliebenen Hain, dann
werden wir alle Gewinner sein.

Der Sauerstoff, den die Sträucher und
Urwaldriesen im Schutze der Flur uns geben - ihn
beanspruchen alle selbstverständlich für ihr Leben.

Vielleicht wird auch Gerda bald nicht mehr in ihrem Wald stehen.

Wartest du schon auf ihn? Ja? Na gut, dann sollst du ihn bekommen. Hier ist er, der **Helfer**.

Handeln - **E**rinnern - **L**ernen - **F**reuen - **E**rklären - **R**ätseln

Handeln - Den nächsten Spaziergang könntest du mit deinen Eltern und Geschwistern durch einen Wald machen. Haltet Ausschau nach besonders hohen Bäumen! Wer entdeckt wohl am schnellsten den höchsten Baum?

Erinnern - Welche Tiere und Pflanzen waren in dem Wald mit Gerda zu Hause?

Lernen - Bäume können auch krank werden. Wie können wir dafür sorgen, dass sie gesund bleiben? Weißt du das? Wenn nicht, dann können dir bestimmt deine Mama und dein Papa bei einer Antwort helfen!

Freuen - Kastanien zum Basteln kann man draußen sammeln oder aber auch in Geschäften kaufen. Lasst als kleine Bastler eurer Fantasie freien Lauf und gestaltet alle zusammen mit den Kastanien etwas Schönes!

Ihr könnt auch einen Wettbewerb daraus machen. Jeder von euch kann mit 8 Kastanien und anderem

Zubehör (z. B. Buntpapier) etwas basteln. Dabei sollen sich aber alle an das festgelegte Thema (z. B. Herbst) halten! Der Gewinner bekommt den Hauptpreis. Alle anderen können sich über Trostpreise freuen.

Bestimmt stiften eure Eltern die Preise. Was denkt ihr, wie schön die Basteleien aussehen werden?

Erklären - Gesunde und weite Wälder mit kräftigen Bäumen in ihnen braucht der Mensch. Sie sind für uns aber nicht nur wichtig, um deren Holz zu Möbeln, Papier und anderen Dingen zu verarbeiten.

Die Blätter dieser Gehölze haben eine ganz wichtige Funktion für uns, ohne die wir auf der Erde nicht leben könnten. Erkläre doch einmal, um was für eine Aufgabe es sich dabei handelt!

Rätseln - Es gibt Wörter, die aus mehreren Substantiven zusammengesetzt sind (z. B. Schule und Haus - Schulhaus, Sommer und Ferien - Sommerferien). Du bekommst jetzt die Aufgabe, ein Substantiv zu finden, das entweder vor oder hinter das vorgegebene Nomen geschrieben wird. Beide Nomen zusammen ergeben dann ein eigenständiges Wort. Das kann ganz schön knifflig werden. Aber du schaffst das ganz bestimmt!

______________________ + Holz

= _________________________________

Wald + ______________________

= _________________________________

Baum + ______________________

= _________________________________

______________________+ Raum

= _________________________________

Hase + ______________________

= _________________________________

______________________ + Luft

= _________________________________

Jedes der vorgedruckten Wörter aus dem vorangegangenen Rätsel besteht aus vier Buchstaben. Überlege einmal, wo die Zahl „4" eine ganz bestimmte Rolle spielt!

Beispiele:

Zahl 4 - Es gibt die „4" als Schulnote.
Zahl 4 - Ein Viereck hat „4" Seiten.

Jetzt bist du an der Reihe! Viel Erfolg! Du kannst beim Rätseln auch an Gerda und den Wald denken!

Zahl 4 - ______________________________

Zahl 4 - ______________________________

Zahl 4 - ______________________________

5. Eine Krone im Meer und noch so viel mehr

Der kleine Bernhard war ein äußerst neugieriger Wal -
kein Stein und keine Muschel waren ihm egal.

Alles wollte er gern ganz genau beschauen -
auch alle Fische, die gelben und die blauen.

Da entdeckte er ein seltsames, schwimmendes Objekt - natürlich war sofort seine Neugier geweckt.

Rasch hat Bernhard ihm einen kleinen Stupser gegeben, doch dieses Objekt schien leblos im Wasser zu schweben.

Noch dazu sah es wie eine große Krone aus -
das sorgte auch bei den Robben für Applaus.

Die Krone setzte Bernhard sich freudig auf sein Haupt - schließlich war das nicht verboten sondern erlaubt.

Stolz ist er dann zu seiner Mama geschwommen -
mit diesem schicken Schmuck fühlte er sich vollkommen.

Seine Mutter lobte diese tolle Pracht, hatte der kleine Abenteurer die Krone doch eigentlich für sie mitgebracht.

Dieses schöne Geschenk war für den erwachsenen Wal besser als ein reiches Mahl.

Natürlich kam das wertvolle Stück nicht einfach in das Meer zurück.

Der kleine Wal hatte großes Glück beim Drehen seiner Runden - schließlich hatte er ein besonderes Ding, ein leeres Muschelgehäuse, gefunden.

Lange Zacken zierten diesen Gegenstand - wie man es von einer Königskrone kennt an Land.

Fortan hatte Bernhards Mama an allen Tagen diese Krone getragen.

Beim Betrachten jener Gabe berichtete dann ihr Knabe.

Zerrissene Tüten, kaputte Dosen und große, leere Flaschen konnte er mit seinen Augen nicht weit von dem Schmuckstück erhaschen.

Überall, wohin er auch immer sah, war ein riesengroßer Teppich aus Plastik nah.

Doch nicht nur auf dem Wasser schoben sich die Abfälle weiter ins Meer, auch unter Wasser schwammen sie umher.

Heute ist Bernhard ein erwachsener Wal - doch die gewaltigen Wellen verändern sich fatal.

Kaum kann er in dem Wasser noch fröhlich seine Bahnen ziehen, am liebsten würde er dem Müll einfach entfliehen.

Oft stellt er sich sein Leben in einigen Jahren vor, dann steigt große Traurigkeit in ihm empor.

Der Berg aus Plastikresten wird immer größer werden und seinen Lebensraum für immer verderben.

Dabei muss das gar nicht so enden, wir können es ändern - mit unseren Händen.

Beim Einkaufen von Obst, Gemüse und auch Fleisch zeigt sich das sogleich.

Nicht alles muss einen Mantel aus Plastik tragen, denn dann gäbe es auch für Bernhard nichts zu beklagen.

Überall Plastik - da seufzt Bernhard traurig ins Meer.

Und schon geht es weiter mit dem nächsten Gedicht. Halt! Irgendetwas habe ich doch vergessen, oder nicht? Genau! Vorher kommt doch noch der **Helfer**.

Handeln - **E**rinnern - **L**ernen - **F**reuen - **E**rklären - **R**ätseln

Wie konnte ich das nur vergessen?

Handeln - Du kannst einmal mit deinen Eltern in den Kühlschrank schauen. Sicher wirst du dort viele Plastikverpackungen finden. Überlegt einmal gemeinsam, ob alle Verpackungen dieser Art notwendig sind!

Wenn ihr eine unnötige Verpackung gefunden habt, dann merkt euch das Lebensmittel! Beim nächsten Einkauf könnt ihr dann gemeinsam schauen, ob es das Produkt auch unverpackt zu kaufen gibt.

Erinnern - Welche Dinge, die Bernhard gesehen hat, schwammen als Teppich auf dem Meer?

Lernen - In deinem Kinderzimmer hast du sicher auch Gegenstände, die aus Plastik bestehen.
Schreibe einige von ihnen auf!

Es gibt aber gewiss auch Gegenstände, von denen du noch nicht wusstest, dass sie aus Plastik bestehen. Deine Eltern können dir bestimmt einen oder zwei von ihnen zeigen.
Schreibe auch diese Objekte auf und denke an die jeweiligen Artikel!

Freuen - Jetzt wollen wir einmal die einzelnen Buchstaben des Wortes „Wal" nehmen.

Du könntest jeden einzelnen Buchstaben so verwenden, dass er der Anfang eines neuen Wortes wird. Nutze für dieses kleine Spiel Wörter, die für dich mit dem Bereich „Spaß haben - Freunde" zu tun haben!

Wenn du dabei an lustige Erlebnisse denkst, meisterst du diese Herausforderung bestimmt ganz flink! Du kannst Substantive, Verben und Adjektive verwenden. Das jeweils letzte Wort auf einer Zeile sollst du trennen!

W	**A**	**L**
Wasserrutsche	**ausmalen**	**lustig**
Winternachmittag	**Autorennbahn**	**Luftballon**

W

____

____

____

____

A

____

____

____

____

L

____

____

____

____

Erklären - Wenn du dir das Gedicht über das Flüsslein Anna noch einmal durchliest oder vorlesen lässt, dann kannst du sicher erklären, warum es wichtig ist, dass nicht nur Flüsse sauber bleiben bzw. wieder sauber werden.

Gleiches gilt für Ozeane, Seen und Bäche.

Wie nutzt denn der Mensch das Meer, um Nahrung aus ihm zu bekommen?

Rätseln - Wer oder was bin ich?

Anhand der folgenden Sätze darfst du erraten, wer oder was ich bin!

„Ich schwimme im Wasser. Doch ein Fisch bin ich nicht.

Ich kann riesengroß sein. Es gibt mich aber auch als nicht ganz so großes Lebewesen.

Auch kann ich sogar singen. Das mache ich aber nicht so wie du."

Na, hast du die Antwort erraten? Dann ergänze den folgenden Satz! Und denke daran, dass der Punkt am Ende des Satzes dazugehört! Er ist zwar klein, hat aber eine große Bedeutung.

Ich bin ______________________________

Nun kommen wir aber wirklich zum nächsten Werk.

6. Drei hungrige Bäuchlein

Max, Tim und Lea sind drei lustige Gesellen - oft sie allerhand Schabernack anstellen.

Das Rotkehlchen, der Buchfink und eine kleine Meise verbringen die Zeit auf ihre ganz besondere Weise.

Oft sie ein Insekt gleich im Fluge stibitzen, auch gern mal alle auf der Telefonleitung im Freien sitzen.

Frech und ohne sich etwas dabei zu denken - Max, Tim und Lea öfter auch ihre Köpfe zu den Fenstern der Häuser verrenken.

Dann und wann, kann ich euch sagen, hat man das Trio schon gesehen, wie es Streit hatte mit den Krähen.

Am Ende aber haben alle sich wieder vertragen - so kann man die Tage genießen und muss sich nicht plagen.

Neuerdings hört man die Vögel aber immer öfter sagen, sie könnten noch mehr Nahrung vertragen.

Verwundert schaut die Taube zu der Meise hin - hat sie doch im Frühjahr und Sommer sonst immer den ein oder anderen Käfer mehr im Schnabel drin.

Doch verheimlichen kann man es nicht mehr, die Bäuchlein der drei gefiederten Freunde bleiben immer öfter fast leer.

Im Winter war es schon immer vielen Menschen ganz klar, warum die Nahrung für die drei Piepser war sehr rar.

Bei niedrigen Temperaturen oder gar eisigem Frost gibt es kaum natürliche Vogelkost.

Deshalb viele von uns die armen Vögel dann unterstützen - Sonnenblumenkerne, Erdnüsse und auch Haferflocken in unseren Vogelhäusern ihnen so sehr nützen.

Doch auch im Sommer dürfen wir die singenden Boten nicht vergessen - ob in Sachsen, Bayern oder Hessen.

Ein gefülltes Vogelhaus auch in warmen und heißen Zeiten lässt gut sie durch die Lüfte gleiten.

Denn verlassen auf ein reichhaltiges Insektenbuffet zum genüsslichen Verzehr können sich die drei Piepmätze auch zu dieser Zeit im Jahr schon lange nicht mehr.

Zwar gibt es hier und dort etwas zu picken und zu schnappen - doch reichen tun sie nicht, die spärlich vorhandenen Happen.

Darum tun sich die Drei auch mit dem Singen schwer, ein hungriges Bäuchlein betrübt eben sehr.

Auch wir können noch mehr für unsere Singvögel tun, müssen eiligst handeln und dürfen nicht ruh'n.

Für genug Insekten und Würmer an jedem Ort müssen viel Dreck und schädliche Stoffe aus der Luft und dem Boden hinfort.

So kann es uns gelingen, dass wieder mehr schöne Vogelstimmchen erklingen.

Auch der Nachwuchs muss natürlich gefüttert werden. Dafür wird viel Futter benötigt.

Blitzschnell - wie eine Mondrakete - fliegen wir sogleich zum **Helfer**.

Handeln - **E**rinnern - **L**ernen - **F**reuen - **E**rklären - **R**ätseln

Handeln - Achte einmal ganz bewusst bei einem Spaziergang auf die Gesänge unserer Vögel! Hört sich das nicht toll an? Vielleicht kannst du am Gesang ja einen oder sogar mehrere unserer heimischen Singvögel erkennen?

Vogelhäuser werden fertig zum Kauf angeboten. Man kann sie aber auch selbst bauen. Das ist gar nicht so schwierig. Es muss nicht immer ein großes Futterhaus sein. Auch kleine Futterspender erfüllen ihren Zweck und finden fast überall einen Platz.

Vielleicht überlegst du mit deinen Eltern zusammen, ob ihr nicht noch ein kleines Fleckchen auf dem Balkon oder im Garten für so ein Futterhaus habt! Dann könnt ihr die Vögelchen besonders im Winter gut beobachten.

Erinnern - Dir wurden ja nun schon einige Gedichte aus dem Buch vorgelesen. Kannst du dich an eines von ihnen erinnern, in dem die Insekten auch eine bedeutende Rolle spielen?

Lernen - Es gibt Singvögel, die normalerweise Körner (z. B. Sonnenblumenkerne) verzehren. Deshalb werden sie auch Körnerfresser genannt. Jedoch gibt es eine ganz bestimmte Zeit im Leben eines Körnerfressers, in der er bevorzugt auch tierische Kost (z. B. Würmer, Käfer) zu sich nimmt und dies sogar ganz besonders wichtig ist. Weißt du, um welchen Abschnitt bzw. um welche Abschnitte im Leben eines solchen Singvogels es sich handelt? Viel Erfolg bei deinen Nachforschungen!

Freuen - Einige Bezeichnungen für Singvögel bestehen aus zwei zusammengesetzten Wörtern.

Jetzt nehmt ihr zwei von ihnen und teilt sie! Es sind nunmehr vier einzelne Wörter entstanden. Setzt sie sogleich falsch wieder zusammen! Ihr werdet Tränen lachen!

Aber es kann auch passieren, dass Bezeichnungen entstehen, die es tatsächlich gibt.

Beispiel:	Buchfink	Buch und Fink
	Blaumeise	Blau und Meise

Eine verkehrte Welt entsteht mit dem Wort „Buchmeise”. Und der „Blaufink”? Den gibt es doch auch nicht, oder?

Doch, den gibt es tatsächlich, und zwar auf der Insel Gran Canaria. Diese Insel gehört zu den Kanaren.

Erklären - Kannst du erklären, warum Tim, Max und Lea so gern weit oben auf der Telefonleitung schaukeln?

Rätseln - Jetzt fangen wir zur Abwechslung mit der Lösung des Rätsels an.
Sie lautet „Nachtigall".

Du sollst dir nun ein Rätsel ausdenken, das den Rätselfreund auf die richtige Lösung „Nachtigall" bringt!

Beispielrätsel: Mein Singvogel reimt sich auf das Wort „Schneefall".

7. Die dampfende Erika

Eine dicke und mächtige Schicht - schwarz wie die Nacht - war unter der Erde, tief im Boden erwacht.

Sehr lange hatte Erika dort unten Jahr um Jahr gelegen, ohne sich zu regen.

Doch dann war ihre Stunde gekommen, freudig hat sie das Sonnenlicht vernommen.

Mit mächtigem Gerät und lautem Grollen wurde beendet die Zeit der unterirdischen Stollen.

Auf großen Bändern kam ihre Kohle flink und ohne Pause in ein gar eigenartig Hause.

Es gab aber auch Kohle auf einem anderen Band - an einen unbekannten Ort sie verschwand.

Erika war erfüllt von Stolz und Glück, wollte nie in den Boden zurück.

Konnte sie doch mit ihrer schwarzen Kohle beitragen zu des Menschen Wohle.

Im Kraftwerk machte man aus ihren großen Brocken Strom zum Kühlen von Butter und Kochen von Haferflocken.

Doch etwas trübte Erikas Freude ganz und gar - um das Kraftwerk viel Rauch zu sehen war.

So war Erikas Schatz aus der Erde zwar von großem Nutzen, doch auch die Luft begann zu verschmutzen.

Gespannt schaute das gewaltige Flöz zu dem anderen Band in seinem Lauf, schließlich war ihr Brennstoff auch darauf.

Sie hoffte auf einen Einsatz dieser Ladung ohne Dreck in der Natur, jedoch kam auch hier das Zweifeln ihr nur.

Aus jenen Brocken dick und fett wurde Brikett für Brikett.

Zum Heizen von Wohnung und Haus höhlte man also auch die Landschaft aus.

Noch mehr schlechte Luft kann sich verbreiten - wir brauchen dringend andere Zeiten.

Auf Strom und Wärme verzichten können wir zwar nicht, doch kann man beides auch anders erzeugen - aus Wind und Licht.

Einen Krater in die Erde zu reißen, das muss nicht

nur Unbehagen verheißen.

Ein Tagebau, dessen Ende kommen soll, wird
vielleicht bald mit Wasser voll.

Irgendwann überzieht ein schöner See die tiefen
Landschaftswunden - viele Lebewesen haben dann
dank ihm ein passendes Zuhause gefunden.

Doch auch, wenn Erikas schwarze Masse prächtig
glänzt, ist ihre Menge nicht unbegrenzt.

Und eine dampfende Erika in allen Ehren -
wir sollten dennoch Strom aus Wind und Sonne
mehren.

Schön ist dieser Anblick nicht. Das findet auch Erika.

Die Schrift des nun folgenden **Helfers** ist ebenso schwarz wie Erika. Aber unser Helfer dampft nicht und ist gesund!

Handeln - **E**rinnern - **L**ernen - **F**reuen - **E**rklären - **R**ätseln

Handeln - Was meinst du? Gibt es etwas, das du selbst tun kannst, damit weniger Strom verbraucht wird und Erika nicht so viel dampfen muss? In der Wohnung findest du bestimmt Möglichkeiten. Überlege einmal! Machst du immer das Licht aus, wenn du ein Zimmer verlässt, in dem nur du bist? Läuft der Fernseher, obwohl niemand vor ihm sitzt?

Erinnern - Was stellt man denn aus der dampfenden Erika alles her? Erinnere dich und schreibe auf!

____

____

____

____

____

Lernen - Wenn du die vorhergehende Frage richtig beantwortet hast, dann fällt es dir leicht, die folgende Aufgabe zu bearbeiten! Es gibt nämlich noch viel mehr Stoffe auf der Erde, die sich sehr gut für das eignen, was aus der dampfenden Erika erzeugt wird. Du kannst ja mit deinen beiden Elternteilen einmal darüber sprechen. Sie können dir garantiert Brennstoffe nennen, die du noch nicht kennst! Hier kommt der Platz, um sie aufzuschreiben.

Freuen - Male ein schönes Förderband! Du kannst das natürlich auch zusammen mit deinen Klassenkameradinnen und Klassenkameraden tun.

Auf dieses Förderband zeichnet ihr Kohlebriketts - aber in allen erdenklichen Formen!

Stellt euch vor, ihr würdet von oben auf das lange Förderband schauen! Was könntet ihr sehen? Ein Brikett, das aussieht wie ein Dreieck in der Federmappe? Ein Brikett, das von der Form her rechteckig wie ein Schokoladenriegel zu sein scheint? Ihr werdet viele lustige und einmalige Briketts zeichen.
Glaubt mir!

Erklären - Der dampfenden Erika gefällt es nicht sehr, dass sie dieses Partizip 1 als Beinamen trägt. Warum stört sie das so sehr? Denke dabei an die Natur und erkläre es!

____

____

____

____

____

____

____

____

____

Rätseln - Der Dampf ist bis in unser Rätsel gezogen und hat einige Buchstaben einfach verdeckt. Kannst du sie ergänzen und die Wörter somit vervollständigen?

Erika i____t stolz auf ihre Ko____le. Strom und

W____rme ka____ ma____ aus diese____

Bo____enschatz herste____en.

Doch auch unsere So____e und der Wind kö____

en uns Strom geben. Dafür mu____ Erika nicht

dam____en.

8. Das Sandgespenst Anne

Anne ist ein sehr wanderlustiges Gespenst aus
Sand, es klettert über jeden Stein und jede Wand.

Über die gesamte Erde in ihrer Pracht hat sie ihre
Erkundungen schon gemacht.

Besonders gern spukt sie dort, wo es heiß und
trocken ist, sich die Dürre in den Boden frisst.

Wüsten mag sie gern - Regen ist dort meist fern.

Doch Anne mag nicht nur in den Wüsten leben,
über ihre Grenzen hinweg will sie sich erheben.

Dies versucht sie immerfort mit aller Macht,
heutzutage geht es leichter als gedacht.

Ihr Gegenspieler, der kann den Spuk beenden,
kann Anne auch verbieten ihr Spiel mit den
gefährlichen Bränden.

Während der Geist stetig mehr Macht gewinnen
kann, belegt er den Regen mit seinem Bann.

Dort, wo einst fruchtbares Land gedeihen konnte,
sich das Sandgespenst niemals vor Schadenfreude
sonnte.

Es entfaltete sich das Land des Regens munter - Wiesen und Felder wurden immer bunter.

Allerdings ist für den Regen nun dort nicht mehr viel zu tun.

Verdrängt wurde er in andere Regionen, Anne kann in seinem ehemaligen Reiche nach Lust und Laune thronen.

Doch das ist ihr immer noch nicht genug Platz zum Toben - sie will ihre Tänze an noch mehr Orten proben.

Das darf der Mensch nicht einfach geschehen lassen, muss sich mit diesem Thema befassen.

Auch er verursacht durch die starke Nutzung einst fruchtbaren Landes eine Wandlung hin zum Reich des ewigen Sandes.

Denn schafft der Niederschlag doch einmal die kurze Rückkehr in sein altes Gelände, dringt er ohne Strauch und Baum nicht in die Erde sondern rinnt fort wie durch offene Hände.

Führen wir dieses Treiben voran, kaum einen Tropfen Wasser der Boden noch in sich halten kann.

Die wanderfreudige Anne muss eines klar verstehen - sie darf nicht auf unserem ganzen Planeten stehen.

Sie hat Platz genug in ihrem eigentlichen Herrschaftsgebiet, wir möchten nicht, dass sie noch mehr Boden mit Sand überzieht.

Hier lebt das Sandgespenst gern. Es gibt aber auch noch viele andere Wüstenbereiche mit Gewächsen und Tieren.

So schnell, wie der Sand in der Sanduhr rieselt, kommt auch der **Helfer** zu euch gekrümelt.

Handeln - **E**rinnern - **L**ernen - **F**reuen - **E**rklären - **R**ätseln

Handeln - Überlege einmal, was für eine Möglichkeit es gäbe, Anne Einhalt zu gebieten! Wie muss der Mensch handeln?

Erinnern - Erinnere dich jetzt einmal an das Flüsslein Anna! Welches Problem hatte Anna mit ihrem Wasser?

Lernen - Du hast also das Flüsslein und sein Problem in dein Gedächtnis zurückgerufen? Sehr gut! Du hast sicher gemerkt, dass es in beiden Gedichten um das Wasser geht. Dennoch handelt es sich um unterschiedliche Schwierigkeiten mit dem kostbaren Nass.

Bitte nun deine Eltern um Rat! Gemeinsam könnt ihr herausfinden, welche Länder auf der Erde große Probleme mit der Menge des dort verfügbaren Wassers haben. Schreibe einige von ihnen auf! Worin bestehen diese Probleme?

Es kann sein, dass ein Land genug Wasservorräte besitzt und gleichzeitig trotzdem mit Wasserknappheit zu kämpfen hat. Wie bitte? Das ergibt doch gar keinen Sinn? Oh doch, das tut es! Finde heraus, warum dies so sein kann! Denke dabei z. B. an Meerwasser und Trinkwasser!

Freuen - Sand ist nicht gleich Sand. Hast du das schon einmal bemerkt? Denke einfach an einen Sandkasten!
Wenn der Sand dort mit Wasser vermischt wird, kann man tolle Burgen oder Figuren mit dieser Mischung bauen. Es gibt aber auch Sand, den kann man mit Wasser vermischen, trotzdem wird die Mischung nicht fest genug, um damit bauen zu können.

Probiert folgendes aus! Geht auf einen Spielplatz und baut mit der Hilfe eines kleinen Eimers verschiedene Sandtürme! Alle Türme müssen gleich hoch sein! Ist die Mischung noch schön feucht, dann stellt eine Spielfigur darauf! Die Spielfiguren müssen bei euch allen identisch sein!

Trägt das Bauwerk den Gegenstand, stellt ihr die nächste Figur dazu, dann wieder eine und so weiter. Welcher Turm hält dem Gewicht wohl am längsten stand?

Erklären - Wüsten sind trotz der Trockenheit keine trostlosen und verlassenen Gebiete. Auch sie sind wichtig für die Erde. Warum? Das sollst du nun erklären!

Rätseln - <u>Wo kommt denn nur der ganze Sand her?</u>

Gerade wird ein neues Haus gebaut. Dafür braucht man auch Sand. Du bist ein kluges Kind und weißt das natürlich.
Deshalb möchte einer der vielen Bauarbeiter nun auch deine Rechenkünste testen!

Eigentlich dürfte auf der Baustelle nur ein einziger großer Sandhaufen liegen. Auf einmal sind aber zwei da.

Der Bauarbeiter hat dafür keine Erklärung. Der neue Sand kann dort nicht bleiben. Er versperrt die Einfahrt auf die Baustelle.

In einer Stunde kann der Arbeiter 30 Schaufeln Sand fortschaffen. Der Sandhaufen ist aber so groß, dass 150 Schaufelladungen benötigt werden, um ihn komplett wegzuräumen.

Weißt du, welche Zeit der Maurer benötigt, um diese 150 Schaufelladungen zu transportieren?

Käme ein zweiter Maurer zu Hilfe, wäre der Sand schneller weg. Wie lange würde es dauern, den Baustoff umzulagern, wenn beide Bauarbeiter jeweils eine Schaufel hätten?

Der Arbeiter wartet auf deine richtigen Antworten!

Schreibe deine Rechenwege auf und denke an die Antwortsätze!

9. Friedrich, der gebremste Regenwurm

Friedrich war ein richtig fleißiger Regenwurm, im
Boden störte ihn nicht einmal ein starker Sturm.

Eifrig kroch er heimlich und verborgen durch die
Erde ohne Sorgen.

Unter den Tannen, Rosen und sogar dem Kohl
fühlte er sich pudelwohl.

Und auch die Pflanzen in ihrer ganzen Pracht
genossen die lockere Erde - Tag und Nacht.

So passte alles perfekt zusammen, doch diese Tage
wären beinahe zu Erinnerungen vergangen.

Friedrich hatte so viele andere Regenwürmer
immer an seiner Seite in der schier endlos
scheinenden Weite.

Nie hätte er einen Gedanken daran verloren, dass
giftige Schwaden seine Welt durchbohren.

Doch wo auch immer er gesunde Erde hoffte zu
finden, sah er bereits Artgenossen sich qualvoll
winden.

So fühlte er sich wie ein gebremster Wurm in die Enge getrieben, auch in anderen Lebewesen im Boden ist dieses Gefühl geblieben.

In keine Richtung konnte Friedrich mehr wandern, kaputt war die Erde - von einem Häufchen zum ander'n.

Später erfuhr der kleine Wurm den Grund für das wirre Durcheinander - ihm erklärte dies ein dicker Salamander.

Um die Pflanzen über ihm zu bewahren, muss der Mensch manchmal ganz spezielle Medizin über die Felder fahren.

Den Pflänzlein mag das in ihrem Wachstum keinen Abbruch tun, doch die Würmer im Boden sind gegen diese Mittel nicht immun.

Wir müssen deshalb immer daran denken, nicht zu viel davon in den Boden zu lenken.

Friedrich und alle anderen Helfer in der Erde sind für uns unersetzbar wichtig, sie zu schützen ist deshalb notwendig und richtig.

Friedrich hatte großes Glück in seinem Leben, wurde ihm doch tatsächlich von einer Schulklasse wieder ein schönes Reich gegeben.

Die Klasse setzte ihn auf einen sauberen Boden in ihrem Schulgarten - bis Friedrich darin verschwand, mussten alle nicht lange warten.

Fortan lebte er mit anderen Würmern wieder glücklich und zufrieden - ohne die Gefahr von Pestiziden.

Friedrich ist fleißig bei der Arbeit. Wir wollen ihn nicht weiter stören.

Seht ihr ihn schon? Da kommt er angekrochen. Wer? Na, der **Helfer**!

<u>**H**andeln - **E**rinnern - **L**ernen - **F**reuen - **E**rklären - **R**ätseln</u>

Handeln - Du besitzt das Wissen darüber, wie ein Regenwurm aussieht. Doch im Erdboden lebt noch eine ganze Reihe anderer Würmer und Käfer. Wenn das nächste Mal in eurem Garten oder Schulgarten umgegraben wird, dann schaue einmal genauer hin! Da gibt es viel zu entdecken. Alle kleinen Kriecher in der Erde werden gebraucht und sind nützlich.

Erinnern - Was machte Friedrich im Boden, das den Pflanzen so sehr gefiel?

Lernen - Ist dir eigentlich bekannt, warum bei Regen so viele Regenwürmer draußen zu sehen sind? Nein? Bist du neugierig? Das ist sehr gut! Erkundige dich bei einer Person deiner Wahl nach der richtigen Antwort! Lasse diese Antwort von deiner Lehrerin oder deinem Lehrer für Sachkunde oder Biologie überprüfen!

____

____

Freuen - **Wo ist denn nur der Wurm?**

Malt zusammen einen Regenwurm und schneidet ihn aus! Anschließend wird der Wurm im Zimmer versteckt! Die anderen Mitspieler sollen nun erraten, wo der Wurm sein könnte! Für jeden falschen Rateversuch bekommt der Verstecker des Wurms je eine Murmel oder einen Spielchip.

Am Ende des Nachmittags kann jeder seine Spielchips gegen einen Gewinn eintauschen. Die Erwachsenen stellen die Gewinne bestimmt für euch zur Verfügung.

Erklären - Wenn du gut aufgepasst hast, dann weißt du, dass die Mittel zum Schutz der Pflanzen für den Regenwurm schädlich sein können. Warum sind sie mitunter dennoch notwendig?

Rästeln - Kannst du die Leibspeise von Friedrich erraten?

„Ich fresse für mein Leben gern. Meine Leibspeise gibt es in großer Menge. Nicht an jedem Ort, jedoch in der Nähe großer Gewächse finde ich sie auf jeden Fall. Und ich kann sogar sagen, an welchem bestimmten Gewächs meine Lieblingsspeise hing. Das erkenne ich an der Form der Mahlzeit. Besonders schön wird das Festmahl für mich, wenn der Leckerbissen lange auf dem Boden lag."

Na, hast du die Lieblingsspeise vom Regenwurm Friedrich erraten? Dann vervollständige den nun folgenden Satz richtig!

____

sind die Leibspeise von dem Nützling.

Ob du den Satz richtig vervollständigt hast, das kannst du von deiner Lehrerin oder deinem Lehrer für Sachkunde oder Biologie kontrollieren lassen.

10. Ein Begleiter weiß nicht weiter

Unsere wunderschöne Erde dreht sich treu - ihr
Begleiter ist immer dabei und auch nicht scheu.

Kein Tag vergeht ohne sein abwechslungsreiches
Spiel - für uns alle bedeutet das sehr viel.

Unser aller Leben liegt in seiner Hand - zu Wasser,
unter Tage und auch an Land.

Oftmals denken wir gar nicht über seinen großen
Einfluss nach, obgleich man in letzter Zeit
häufiger über ihn sprach.

Nicht nur die Lage der Erde im weiten All wirkt
sich auf ihn aus, nein, auch der Mensch auf seinem
Heimatgestirn zu Haus'.

Der Gefährte ist nämlich gar nicht so stet wie sich
die Erde ohne Unterlass dreht.

Gern vergessen wir das jedoch von Zeit zu Zeit,
das ist aber überhaupt nicht gescheit.

Das Klima weiß nämlich nicht mehr weiter - an
welchem Ort soll es nun regnerisch sein oder
heiter?

Solche Fragen hat sich das Klima schon immer
gestellt, doch die Antwort hatte es wieder und
wieder weise gefällt.

Und auch war es früher überhaupt keine
Umwegsamkeit, hatte das Klima für die
Antworten doch lange Zeit.

Heute kommt es aber nicht mehr hinterher,
vermisst die alten Zeiten sehr.

Jeder schimpft über das Klima heftig und laut,
einem ist es zu kalt, andere schwitzen in ihrer
Haut.

Der, der heute friert, eigentlich nach Sonne giert.

Und der, dem heute rinnt der Schweiß, der kennt
den Niederschlag normalerweise schneeweiß.

Regenwald verschwindet, Flüsse verlanden,
Schmutz und Dreck füllen die Atmosphäre, wie
schön eine Pause doch wäre.

Für das Klima geht das alles zu schnell und ohne
Kontrolle, für das Leben spielt es aber eine
entscheidende Rolle.

Wenn wir dieses Gleichgewicht immer mehr durcheinander geraten lassen, kann niemand auf der Erde sich mehr anpassen.

Und so sollte nun erkennen ein jeder das große Problem - schaden wir dem Wettermacher weiter in erheblichem Umfang, dann ist der Schaden für die ganze Natur auf ewig sein unschöner Klang.

Es ist unsere wichtigste Pflicht, die Erde zu retten und zu warten nicht.

Zusammen können wir erreichen mit einsernem Willen und viel Mut, dass einiges wird wieder gut.

Welchen Weg wollen wir gemeinsam gehen?

Der letzte **Helfer** in diesem Buch wartet nun auf dich. Du kannst sofort anfangen.

Handeln - **E**rinnern - **L**ernen - **F**reuen - **E**rklären - **R**ätseln

Handeln - In dem letzten Gedicht ist dir noch einmal bewusst geworden, wie wichtig es ist, dass die gesamte Menschheit um eine für alle Lebewesen passende Lösung dieses speziellen Problems bemüht sein muss.
Das immer mehr aus dem Gleichgewicht geratende Klima auf unserer Erde darf nicht weiter belastet werden.

Besonders ihr, liebe Kinder, müsst die Anstrengungen der Erwachsenen von heute als Erwachsene von morgen fortführen und erweitern.

Ihr habt in diesem Buch gelernt, dass ihr bereits als Kinder großen Einfluss auf das Wohlergehen unseres blauen Planeten nehmen könnt. Ist er nicht wunderschön? Ihn so zu erhalten, das braucht jeden von euch!

Ein Tipp: Vielleicht könnt ihr mit eurer Klasse ja einen besonderen Kuchenbasar veranstalten? Das gesammelte Geld könntet ihr zum Beispiel für den Kauf eines schönen Insektenhotels verwenden.

Der Werkunterricht bietet sich für den Bau einer solchen Unterkunft natürlich ganz besonders an. Fragt einfach eure Lehrerin oder euren Lehrer für den Werkunterricht danach! Euch wird sicher gern geholfen!

Erinnern - Lasst euch die Gedichte ruhig ab und an vorlesen! Oder lest sie selbst! Dann könnt ihr euch an Anna, Friedrich, Gerda und die anderen Helden erinnern. Ich wette, dass ihr mit jedem Mal mehr Gefallen an ihnen findet!

Lernen - Du hast mit der Hilfe dieses Buches ganz bestimmt viele neue Dinge gelernt. Dabei ist dir ohne Zweifel aufgefallen, dass bestimmte Probleme in der Umwelt in einzelnen Gedichten wiederkehren und sich mitunter auch gegenseitig beeinflussen.
Du kannst nun an dieser Stelle zum letzten Mal in diesem gedruckten Werk deine Eltern um eine Antwort bitten. Frage sie danach, wie man den Stoff nennt, der in zu großer Menge in der Atmosphäre der Erde vorhanden ist und ihr und uns dadurch schadet! Vervollständige anschließend den nachfolgenden Satz!

Den Stoff nennt man

____.

Bitte auch bei dieser Antwort, die du gegeben hast, deine Lehrerin oder deinen Lehrer für Sachkunde oder Biologie um eine Kontrolle!

Freuen - Wie wäre es mit einer lustigen Abschiedsrunde? Deine Freunde und du, ihr setzt euch so an einen Tisch, dass ihr eure Gesichter gegenseitig sehen könnt! Nun nehmt ihr euch Begriffe aus den Gedichten heraus (z. B. Insektenhotel)!

Einer fängt an, den ersten Buchstaben des gewählten Wortes zu sagen, der Sitznachbar singt den Folgebuchstaben, anschließend malt der dritte Teilnehmer den nächsten Buchstaben mit dem Zeigefinger in die Luft! Lasst euch immer wieder neue Möglichkeiten einfallen, auf welche Art und Weise buchstabiert werden kann! Viel Spaß!

Macht jemand einen Fehler, dann beginnt ihr mit dem Wort von vorn! Ihr könnt das Tempo des Spiels natürlich selbst bestimmen.

Erklären - Welches der Gedichte hat dir denn am besten gefallen? Warum ist das so?

Rätseln - Nun erwartet dich zum Ende des Buches noch ein finales Rätsel. Dieses Rätsel besteht sogar aus zwei Denkspielen.

Denkspiel 1

Schreibe die Antworten Buchstabe für Buchstabe auf die Striche!

Friedrich ist ein

__ __ __ __ __ __ __ __ __. (5)

Das unglückliche Flüsslein heißt

__ __ __ __. (1)

Der Eisbär Johannes lebt in einer

__ __ __ __ __ __ Region unserer Erde. (4)

Die Biene Marianne flog zu einem

__ __ __ __ __ __ __ __ __. (8)

Das Geschenk des Wals war eine

__ __ __ __ __. (2)

Denkspiel 2

Hinter jedem der Sätze in dem vorangegangenen Rätsel steht eine Zahl in Klammern.

Diese zeigt dir bei jeder deiner eingetragenen Lösungen an der entsprechenden Stelle einen Buchstaben.

Jetzt nimmst du dir einen Stift zur Hand und kreist genau diese Stellen ein!

Wenn du nun die eingekreisten Buchstaben von oben nach unten liest, dann erhälst du die Lösung für das zweite Denkspiel. Schreibe sie auf!

____

Prima hast du das gemacht!

Lösungsteil

Seite 25/26 Das unglückliche Flüsslein Anna
Rätseln

Meere, Flüsse und auch **Seen**

kann man auf der ganzen **Erde** seh'n.

Wasser sieht man in ihnen fließen oder stehen.

Im Winter ist es draußen auch manchmal als **Eis**

zu erspähen.

Genug Platz für **Insekten** der Fluss in und

neben sich zu bieten hat. Viele von ihnen machen

unsere **Vögel** satt.

Ein jeder Mensch braucht eine saubere **Natur**,

so kann er **gesund** leben nur.

Seite 33/34 Eisbär Johannes in großer Not
Rätseln

Stimmen die folgenden Aussagen?

1 Eisbären sind in der Antarktis zu Hause.
Das stimmt nicht. Eisbären leben in der Arktis.

2 Sehr hohe Wärme mögen Eisbären besonders gern.
Auch das ist falsch. Eisbären mögen eine sehr hohe Wärme nicht besonders gern.

3 In der Natur können Eisbären für Menschen sehr gefährlich sein.
Diese Aussage ist richtig.

4 Eisbären haben rote Nasen.
Nein, die Nasen von Eisbären sind schwarz.

5 Eisbären sind an ihre natürliche Umgebung angepasst. Deshalb haben sie ein so helles Fell.
Das stimmt wieder.

Seite 51 Eine Krone im Meer und noch so viel mehr
Rätseln

Ich bin **ein Wal.**

Seite 66 Die dampfende Erika
Rätseln

Erika i **s** t stolz auf ihre Ko **h** le. Strom und W **ä** rme ka **nn** ma **n** aus diese **m** Bo **d** enschatz herste **ll** en.
Doch auch unsere So **nn** e und der Wind kö **nn** en uns Strom geben. Dafür mu **ss** Erika nicht dam **pf** en.

Seite 73-75 Das Sandgespenst Anne
Rätseln

In einer Stunde kann der Arbeiter 30 Schaufeln Sand fortschaffen. Der Sandhaufen ist aber so groß, dass 150 Schaufelladungen benötigt werden, um ihn komplett wegzuräumen. Weißt du, welche Zeit der Maurer benötigt, um diese 150 Schaufelladungen zu transportieren? Käme ein zweiter Maurer zu Hilfe, wäre der Sand schneller weg. Wie lange würde es dauern, den Baustoff umzulagern, wenn beide Bauarbeiter jeweils eine Schaufel hätten?

Lösungsvorschlag
(Es sind viele verschiedene Rechenwege möglich.)

1 Arbeiter	**1 Arbeiter**
1 Stunde	**? Stunden**
30 Schaufeln	**150 Schaufeln**

In zwei Stunden schafft ein Arbeiter 60 Schaufeln, in drei Stunden 90. Nach 4 Stunden hat er bereits 120 Schippen Sand transportiert. Am Ende hat der Arbeiter fünf Stunden benötigt, um die 150 Schaufelladungen Sand wegzuräumen.

Möglicher Antwortsatz

Der Maurer benötigt für seine Arbeit fünf Stunden.

1 Arbeiter	**2 Arbeiter**
1 Stunde	**? Stunden**
30 Schaufeln	**150 Schaufeln**

1 Arbeiter schafft in einer Stunde 30 Schaufeln. Zwei Bauarbeiter können in diesem Zeitraum jedoch die doppelte Menge an Sand

wegbringen. Sie schaffen in 1 Stunde also 60 Schaufelladungen, in zwei Stunden 120.
150 Schaufelladungen - 120 Schaufelladungen = 30 Schaufelladungen. Für das Umlagern dieser 30 übrig gebliebenen Frachten muss die Zeitdauer noch ermittelt werden.
Das bedeutet: 60 Schaufelladungen schaffen zwei Maurer pro Stunde. Für 30 Ladungen benötigen sie demnach nur eine halbe Stunde (30 Minuten).
Addiert man die 120 Minuten und die 30 Minuten, so lautet die Summe 150 Minuten.

Möglicher Antwortsatz

Die zwei Maurer benötigen für die gemeinsame Arbeit nur 2,5 Stunden (einhundertfünfzig Minuten) an Zeit.

Seite 81 Friedrich, der gebremste Regenwurm
Rätseln

(Verrottete / Verrottende) Blätter sind die Leibspeise von dem Nützling.

Seite 86 Ein Begleiter weiß nicht weiter
Lernen

Den Stoff nennt man **Kohlen(stoff)dioxid.**

Seite 87-89 Ein Begleiter weiß nicht weiter
Rätseln

Denkspiel 1

Friedrich ist ein

R E G E **N** W U R M. (5)

Das unglückliche Flüsslein heißt

A N N A. (1)

Der Eisbär Johannes lebt in einer

K A L **T** E N Region unserer Erde. (4)

Die Biene Marianne flog zu einem

A P F E L B A **U** M. (8)

Das Geschenk des Wals war eine

K **R** O N E. (2)

Denkspiel 2

N A T U R